AF498273

JOURNAL DES DAMES,

par Mad.^e de Beaumer. 1761.

Elle est morte en 1766.

OCTOBRE 1761.

tome 3.e pré. partie ?

ARTICLE PREMIER.

Extraits de quelques Livres nouveaux.

LETTRE

De Madame à Madame de * * * *sur* la Reine de Golconde. *Du chevalier (malte) de Bouflers.*

DE l'humeur, ma chere amie ! vous me boudez, parce que je ne vous dis rien de nos nouveautés littéraires ; est-ce à moi qu'il faut s'en prendre, si nos beaux esprits sont paresseux ; ou si, au lieu de nous faire présent de quelque ouvrage utile ou agréable, ils nous inondent de Brochures indécentes, de Libelles dictés

A vj

par une haine grossiere & sans talent?
On a dit que de toutes les passions,
la colére étoit la plus bête. Jamais je
n'ai mieux senti cette vérité. En effet,
rien de plus pitoyable que la fureur
Poëtique, je pourois ajoûter la fureur Philosophique ; ces maladies
éphémères nous ont produit une
foule de Brochures plus méprisables
& plus insipides les unes que les
autres. Cependant les accès du mal
sont un peu dissipés, nous commen-
çons à revoir notre Littérature re-
prendre sa gravité & ses agrémens:
les derniers brillent dans une jolie
bagatelle qui vient de paroître à
l'heure même ; elle est intitulée, *La
Reine de Golconde* : ce n'est qu'un
conte, mais de ces contes qui valent
bien certains livres de matieres sé-
ches & rebutantes. Essayons de vous
le faire connoître.

Un jeune homme, dans cet âge
où l'on ne demande pas mieux que
d'aimer, est à la chasse avec son
Gouverneur, il s'égare, se trouve
seul, prend son parti, & déjeune
avec du pain & une perdrix froide

dans un vallon . . . . . Vous fentez que
ce vallon eſt femé de toutes les
fleurs, qu'il eſt couronné de côteaux
charmans, qu'il n'y a point d'arbres
comme ceux qui lui prêtent leur om-
brage ; qu'en un mot, c'eſt le vallon
le plus délicieux, le plus enchanté,
bien au-deſſus de tout ce qu'on nous
dit de *Tempé* & des beaux lieux ou
Angélique ſe retiroit avec *Medor :*
vous ajouterez à cette image, le plus
beau jour, le Ciel le plus pur, le
zéphir le plus parfumé, la terre bril-
lante des perles de la roſée, le ſoleil
n'excitant que des feux temperés ;
tout cela n'eſt encore rien auprès
d'une jolie payſanne qui, par hazard
paſſoit ſur une planche qui ſervoit
de pont à un ruiſſeau. C'eſt la nature innocente en corſet & en cotil-
lon blanc ; elle portoit un pot au
lait ſur ſa tête, elle avoit quatorze
ans, deux pommes d'apis aux jouës,
des dents plus blanches que ſon lait,
des lévres de corail, cet air . (. . . . . *[stultitias mensa]* *
qu'on ne peint point, mais qu'on
ſent. Si j'étois homme je ne finirois
pas ce portrait. Voilà notre charmante laitiere ſur la planche, elle

† c'est la *Matura virgo* d'Horace; grenade,
figue prête à manger, rose bonne à cueillir.
Voiez le Supplément au polissonniqua de
l'abbé Desfontaines 1726, li raman de la rose
vers . . . . . et mes Stromates p.

apperçoit le jeune chaſſeur, qui l'a
déja apperçue. Auſſitôt ces deux créa-
tures, d'être embarraſſées, de ne ſça-
voir que ſe dire, & cependant avec
la meilleure envie du monde de ſe
parler ; l'écolier à la fin eſt le plus
hardi, il parle pour demander à la
petite *Aline* (c'eſt le nom de notre
aimable perſonne) un peu de ſon
lait pour ſe rafraîchir, puis des queſ-
tions, qui êtes-vous ? votre famille ?
votre âge ? Vous êtes bien aimable,
bien belle ! Les réponſes. Je ſuis la
fille du Fermier Mathurin, j'ai quatorze ans vienne la ſaint Jean. Mon-
ſieur, vous vous moquez, vous avez
bien de la bonté, je ne ſuis qu'une
pauvre payſanne..... Une payſanne ?
Aline ! oh ! il n'y a point de femme
de qualité comme vous. Je voudrois
bien être votre frere ; & moi votre
ſœur. Le frere & la ſœur ne s'en
tiennent pas à des diſcours ; je vous
ai dit qu'Aline avoit quatorze ans,
notre jeune homme quinze, & puis
ils étoient dans un vallon, ſeuls : le
pied gliſſa par malheur à notre petite payſanne ; jamais on ne fit un
faux-pas * avec moins de malice ;

* Voiez mon pedeana, verbo Pas, faux-pas.

crac, voilà le pot au lait à terre &
Aline avec..... On se releva, pour
pleurer beaucoup; cependant au milieu de ces larmes on n'avoit pas la
force d'en vouloir à son frere, il étoit
si aimable ! on s'embrasse encore en
pleurant. Le jeune Amant fait présent
d'un anneau d'or : Aline le baise, le
met à son doigt ; promesses sans nombre de se revoir incessamment, de
s'aimer toujours : on reprend son
pot au lait vuide, & l'on s'en va
lentement chez sa mere, non sans
tourner souvent la tête, & sans se
dire dans son cœur, c'est pourtant
quelque chose de bien aimable qu'un
homme ! Le Chasseur, de son côté,
eût voulu être Pierrot ou Nicolas ;
il n'imaginoit pas de divinité aussi
enchanteresse qu'Aline ; il eût payé
de tout son bien, de tous ses titres
le plaisir de vivre avec sa jolie laitiere, de la servir, de se rencontrer
tous les jours avec elle dans ce for-
tuné vallon. Aline..... Aline étoit
tout ce qu'il voyoit, tout ce qui
l'occupoit ; vous allez le croire bien
amoureux, bien constant. Oh ! ma
chere amie, que vous connoissez mal

les hommes ; voici leur façon d'aimer : on mourroit pour nous , & un
moment après à grande peine se sou-
vient - on des plaisirs qu'on nous a
dûs , & des chagrins qu'on nous a
causés. Cet adorateur de notre petite paysanne revient à son Château,
part avec son pere pour Paris, entre
dans le monde, en prend tous les vices,
devient libertin, qui pis est ambitieux;
sert six campagnes, est couvert de blessures pour ce qu'on appelle de la gloire;
& rendu au tumulte de Paris, finit par
chercher le plaisir que l'ingrat, hé-
las ! avoit connu avec Aline, & qu'il
avoit laissé auprès d'elle : il l'avoit
totalement oubliée , ou il ne se rap-
pelloit plus qu'une paysanne grossiere,
assez gentille , pour qui il avoit eu
quelque bonté : car , à force de parler le jargon de fat , on en prend la
façon de penser. Notre perfide sortoit
un jour de l'Opera ; il se trouva par
hazard à côté d'une très-jolie femme
qui attendoit son carrosse ; elle le
regarde, fixe sur lui les yeux ; me
reconnoissez-vous , Monsieur ? C'est
pour la premiere fois , Madame, que
j'ai le bonheur de vous voir ; regar-

dez-moi bien encore : on regarde ,
on débite beaucoup de fadeurs de
part & d'autre : enfin la Dame ôte
fon gand. Qu'attendez-vous qui l'on
reconnoît dans la Dame ? Notre petite Aline , & voici fon hiftoire qu'elle
raconte elle - même à fon premier
amant ; car , vous croyez bien que
fous les traits où je vous la repré-
fente , elle n'étoit pas reftée à notre Chaffeur. Aline , après avoir ren-
verfé fon pot au lait, & n'avoir pas
trop fçu ce qui étoit arrivé , avoit
repris le chemin de fon Hameau.
Force coups de la part de fa mere ;
fa colere devint bientôt plus férieufe,
quand elle s'apperçut que fa fille ne
l'étoit plus ; Aline avoit été chaffée
comme une miférable. Obligée de
demander l'aumône , avec fes deux
pommes d'apis aux jouës , & fes lévres couleur de rofe : une vieille
femme prudente & qui fe connoiffoit
en agrémens ʃʃ n'avoit pas laiffé fur
le grand chemin une fi gentille créature ; elle s'étoit hâtée de la retirer
dans fon taudis , de lui fervir de
mere, fous le nom de tante ; c'eft
le nom honnête que prennent ces

femmes fi charitables. Cette mere,
bien moins difficile que la premiere,
parla un autre langage à Aline ; qu'eft-
ce qu'une vertu de quatorze ans ?
La tante, après avoir pris foin des
couches de la niece, la produifit,
c'eft l'expreffion, à Paris, dans le
grand monde. Aline, de mains en
mains, tomba dans celles d'un Pré-
fident émérite ; il combla fa maîtreffe
de pierreries qui le rendirent un peu
moins défagréable. La tante né fut
pas oubliée dans les careffes de la
fortune. La bonne femme en faifoit
tout le cas imaginable. Malgré fon
attachement pour cette terre de per-
dition, cette tante, fi refpectable,
ne put s'empêcher de mourir. Dix
mille livres de rentes qu'elle laiffa à
fa niece, donnerent à la derniere une
envie de fe faire honnête femme.
Vous fçavez, ma chere amie, qu'on
eft à Paris ce qu'on veut. Voilà Aline
figurant dans les fociétés, s'ennuyant
avec bienféance ; elle voulut encore
être fille de condition, elle le fut :
un Généalogifte, qui avoit befoin de
quelque louis, trouva moyen d'om-
brager Aline d'un arbre généalogi-

que; vous imaginez - bien que Mathurin se perdoit dans les feuilles de
l'arbre : il n'y eut pas jusqu'à des
manœuvres beaux esprits, qui pré-
tendirent que la laitiere parvenue
étoit remplie de talens, & on le
crut sur leur parole; elle décida des
ouvrages, tint bureau de bel-esprit,
eut sa loge à la Comédie Françoise;
&, à parler vrai, le joli minois n'a-
voit pas le sens commun. Le bon
Public qui a souvent, sans le sçavoir,
le don de la foi, se garda bien de
soupçonner qu'Aline n'étoit pas un
prodige d'esprit comme on le disoit.
Un honnête homme de naissance,
riche de plus de cent mille livres
de rentes, fit pis que le public, il
épousa Aline, & la présenta dans les
cercles sous le nom de Marquise de
Castelmont. Telles sont à peu - près
les aventures de la paysane depuis
celle du vallon. Son premier amant,
quoiqu'il ait eu cinq blessures, n'en a
pas plus de connoissance du cœur
des femmes ; il s'avise de demander
à la Marquise qui elle a le plus aimé de tous les honnêtes gens qu'elle
a jugés dignes de ses bontés. Vous

vous doutez-bien qu'on lui répond,
qu'on n'a aimé que lui : en effet, cela
pouvoit être, les premieres fenfa-
tions font toujours celles qui nous
ont flattés davantage ; l'ame aime à
revenir au point précifément où elle
a perdu fon ignorance. Il eft rare
qu'un premier Amant n'ait pas à nos
yeux le mérite d'un Enchanteur; notre imagination fe plaît à lui prodi-
guer tout ce que nous trouvons ra-
rement dans fes fuccefleurs. Madame
la Marquife de *Caftelmont*, qui s'eft
fait une petite Philofophie à fa mo-
de, avoue qu'il y a eu des momens
où elle a fçu s'en impofer dans le
fein des plaifirs. Son aimable Chaffeur étoit fon image favorite, & fon
cœur là-deffus avoit été d'une com-
plaifance exceffive, au point d'avoir
trompé fes fens ; le vallon & l'auteur
du moment de délices qu'elle y avoit
goûtées, s'étoit mis fouvent entre elle
& les autres amans que depuis elle
avoit eus par état. L'abfence de M.
de *Caftelmont* permit à la Marquife
de fe rappeller, avec fon ancien hé-
ros, l'époque de fa fcience, non pas
du bien, mais du mal. Le Conteur

obferve agréablement, que fon bonheur s'étoit borné à être bien traité
d'une jolie femme, mais que cette
jolie femme ne s'appelloit plus *Aline.*
Voilà notre volage amant qui s'en
retourne à la guerre, Madame de *Caftelmont* oubliée plus vîte encore qu'*A-
line*: Il eft, quinze ans, le très-humble
ferviteur de la gloire ; nouvelles blef-
fures, nouveaux ennuis ; il paffe aux
Colonies en qualité de Lieutenant-
Général ; il fe trouve au Royaume
de Golconde, on ne fçait trop pour-
quoi. Rien n'eft impoffible aux Con-
teurs & aux Poëtes. Le Roi de ces
contrées fe laiffoit gouverner lui &
fon Royaume par la Reine fa femme,
& l'adminiftration n'en étoit pas plus
mauvaife ; la Princeffe fçavoit s'attacher les Courtifans par une affabilité
fans bornes : auffi les méchantes lan-
gues de Golconde difoient-elles qu'il
coûtoit bien peu à la Reine de fe faire
aimer, & qu'elle auroit été défefpé-
rée que quelqu'un fût mort d'amour
pour elle. Le Lieutenant-Général a
une audience publique du Roi, enfuite de la Reine, qui baiffe fon voile
à l'afpect de l'Européen. Cette récep-

tion mortifia singuliérement la vanité de l'Officier François, & il en avoit porté une dose suffisante en Asie ; il revient chez lui de très-mauvaise humeur. Un Officier vient lui proposer de lui montrer le lendemain les jardins & le parc, la proposition est acceptée ; c'étoient les plus beaux jardins de l'Univers ; ceux de Sémiramis & d'Alcinoüs n'auroient pas supporté la comparaison : enfin, il est abandonné par son guide, & il revoit, comme par un coup de baguette, le même vallon, la même planche, le même pot au lait, la même charmante petite créature qui le portoit ; il revoit *Aline.* Il croit que c'est un enchantement : C'est *Aline*, lui dit-on, elle - même qui vous a reconnu hier, & qui n'a voulu être connue de vous que sous la forme sous laquelle vous l'aviez aimée. Elle vient se délasser avec vous du poids de sa Couronne : en reprenant son pot au lait, vous lui avez rendu l'état de laitiere plus doux que celui de Reine. Ce joli compliment est mot pour mot dans l'Auteur. Sa Majesté, en conséquence de la politesse, est traitée presque aussi bien qu'*Aline* : c'est encore d'après mon Livre que je parle. La Reine, après avoir sacrifié quelque moment au plaisir, se rend à la dignité ; elle raconte à l'objet de ses doux ressouvenirs comment le Marquis de *Castelmont* l'avoit laissée veuve, avec quarante mille écus de rentes pour essuyer ses larmes ; elle avoit été obligée de voyager en Sicile, pour un arrangement de biens. Les Corsaires s'étoient emparés de son vaisseau, les Turcs, sans être Chrétiens, lui avoient adouci les horreurs de l'esclavage. La Reine ne perd jamais de vûe ces heureuses situations de sa vie : vendue, troquée, rachetée, toujours plus malheureuse, son bon génie, à la fin, lui avoit fait rencontrer des Eunuques obligeans, qui l'avoient amenée au Roi de Golconde : je ne vous dirai pas bien comment nous la voyons présentement en Asie. Il suffit d'être instruit qu'elle fut renfermée au sérail, malgré les hauts cris que jetta sa vertu ; qu'elle eut l'honneur de plaire à son Souverain, qui lui en donna des preuves convaincantes , puisqu'elle fut déclarée Sultane-fa-

vorite, & enfuite Reine, & Reine
partageant l'autorité avec fon époux,
Oh ! ce morceau-ci je vais l'emprun-
ter à l'Auteur, parce qu'on ne fçau-
roit mieux exprimer le fentiment.
Vous vous fouviendrez que c'eft la
Reine de Golconde qui parle : » Je
» me fuis reffouvenue dans mon pe-
» tit Palais de ce petit Village où
» j'avois confervé mon innocence &
» furtout de ce charmant vallon où
» je la perdis ; j'ai voulu retracer à
» mes yeux l'image intéreffante de
» nos premieres années & de nos pre-
» miers plaifirs. C'eft moi qui ai bâti
» ce Hameau que vous avez vû dans
» l'enceinte de mon parc ; il porte
» le nom de mon ancienne patrie,
» & tous fes habitans font traités
» comme mes parens, mes amis ; je
» marie ſ tous les ans ſ un certain
» nombre de leurs filles, & fouvent
» j'admets le plus vieux d'entr'eux
» à ma table, pour me retracer le
» tableau de mon vieux pere & de
» ma pauvre mere que j'aimerois à
» refpecter fi je les poffédois encore;
» les herbes de la prairie ne font ja-
» mais foulées que par les danfes des
                              » jeunes

»jeunes garçons & des jeunes filles
»du Hameau ; la coignée refpectera
»tant que je vivrai ces arbres imi-
»tateurs de ceux qui prêterent leur
»ombre à nos amours, & mes ha-
»bits de payfanne confervés avec
»mes ornemens Royaux, ne ceffent
»au milieu de l'éclat qui m'envi-
»ronne, de me rappeller ma pre-
»miere obfcurité. Ils me forcent à ref-
»pecter une condition dans laquelle
»j'ai été moins méprifable que dans
»toutes celles auxquelles je me fuis
»élevée depuis. Ils m'apprennent à
»reconnoître l'humanité partout, ils
»m'inftruifent à régner. «

Le Roi, qui n'étoit ni bel efprit, ni
homme du bon ton , ne veut point
abfolument fouffrir d'Amant à fa femme, il pouffe la mauvaife humeur
jufqu'à obliger le téméraire de for-
tir de fon Royaume par la fenêtre
de fa chambre à coucher ; il revient
en France, y occupe des charges ,
des dignités , des biens ; tous ces
beaux rêves fe diffipent, il devient
malheureux , fans efpérance , fans
amis , privé de toutes reffources , &
fe trouvant enfin dans une folitude.

Il raconte son histoire tout au long, à une petite vieille ratatinée, couverte de feuilles de palmier, ancienne habitante du désert où il s'étoit retiré : la vieille prenoit à son récit une attention particuliere; enfin, croiriez-vous qu'il retrouve encore *Aline* dans cette vieille: elle s'étoit sauvée de la fureur de son mari, elle est devenue avec l'âge, sage & raisonneuse, elle parle d'amitié parce qu'elle ne peut plus inspirer d'amour; c'est un Philosophe qui pese les passions dans sa main. Elle conduit son vieux ami vers une haute montagne, il y voit l'habitation d'un véritable gymnosophiste, des arbres fruitiers, une grotte, un ruisseau; son cœur s'ouvre à de nouveaux sentimens. *Aline* a perdu ses charmes, mais elle a conservé son ame ; les malheurs, l'expérience, les années, ont même épuré cette ame digne de l'admiration & de l'estime d'un homme qui refléchit. Tous deux s'aiment plus que jamais, ils arrosent réciproquements leurs rides des larmes d'une pure tendresse, le songe du monde s'est évanoui à leurs yeux, ils ne vivent plus que pour la vérité, qui les récompenfe en leur procurant un léger travail, de douces reflexions, & de tendres fentimens ; enfin ils finiront comme Philemon & Baucis ; ils demandent à mourir dans les bras l'un de l'autre, en fe foumettant au Maître Suprême, & en jettant un regard de compaffion fur ce monde fi trompeur, fi trompé, & fi peu fait pour remplir un cœur qui fent, & pour attacher un efprit qui penfe.

Je vous ai donné une idée affez exacte du Conte de la *Reine de Golconde*, vous pouvez juger par cette efquiffe combien cette bagatelle doit être agréable. L'invention d'*Aline*, qui fe remet fous les yeux le tableau de fon premier moment de tendreffe, eft un chef - d'œuvre de délicateffe & digne des plus grands maîtres. Son difcours que je vous ai rapporté à ce fujet, eft le fentiment le plus tendre, le plus vrai. Ce petit ouvrage ne peut faire que beaucoup d'honneur à fon Auteur† ; je lui veux un bien infini de nous ramener aux

† le chevalier (de malte) de B.ij Boufflers, abbé commendataire de Longueville et de Béchamp en Lorraine. De l'académie de Nanci.

Contes, je relis tous les ans ceux du charmant *Hamilton* ; Ah ! *Fleur d'Espine*, *Fleur d'Epine*, que vous me dédommagez de tous ces traits de morale assoupissans dont on nous glace aujourd'hui ! je suis fâchée cependant que l'aimable Ecrivain à qui nous devons *la Reine de Golconde*, ait gâté souvent cette belle nature qui vient se placer sous son pinceau, par une affectation d'esprit & de plaisanterie, qui dépare les morceaux les plus intéressans ; il eût pû encore nous arracher des larmes en faisant paroître à la fin le pere & la mere d'*Aline*; cette situation eût couronné l'intérêt. On sera fondé aussi à trouver dans ce Conte quelque ressemblance avec *Candide*. Malgré toutes ces légères observations, j'en reviendrai à dire que c'est un très - joli ouvrage, & qu'il vous fera un plaisir singulier : la petite laitiere est du charmant *Wattsau*.

Et bien ! ma bonne amie, ne me suis-je pas justifiée ? Accusez-moi encore de paresse ; c'est à moi à vous pardonner, si vous n'applaudissez pas à mon Conte ; car, vous auriez les torts les plus réels. A dieu aimable Boudeuse.

www.ingramcontent.com/pod-product-compliance
Lightning Source LLC
LaVergne TN
LVHW051342200726
843510LV00002B/762